803.

LA
PETITE MAISON

DE LA RUE CHANTEREINE.

15 BRUMAIRE AN VIII. — JEUDI 6 NOVEMBRE 1799.

PARIS,

PAULIN, LIBRAIRE-ÉDITEUR,
33, RUE DE SEINE SAINT-GERMAIN.

1840.

AVANT-PROPOS.

Guerrier conquérant et législateur despote, Napoléon avait reçu la mission en ce monde d'y préparer la liberté, et non de l'établir; d'organiser les forces du pays qu'il domina pendant quinze ans, et non de faire régner l'équilibre entre elles avant qu'elles fussent rassemblées par l'unité du commandement, et qu'elles eussent grandi suffisamment. L'Angleterre, si libre, si riche, si puissante aujourd'hui, a passé, sous Cromwell, par les mêmes épreuves, et plus brutalement sans doute que la France. Tout ce que celle-ci peut désirer de liberté raisonnable et d'améliorations progressives lui a été promis par la révolution de 1830. Ce sera le dernier acte des efforts populaires d'une grande nation pour consolider son existence glorieuse, et le principe de sa souveraineté. On peut le prédire avec certitude, puisque le pouvoir actuel prend à tâche de satisfaire aussi complétement qu'il est possible aux exigences politiques de la situation. Le roi et le ministère, interprètes heureux du sentiment général, restituent les cendres de Napoléon au pays qu'il a gouverné avec tant d'éclat, et qu'il a doté d'institutions immortelles. Les deux premières années du Consulat furent une époque d'administration réparatrice, d'une économie exemplaire; et si le grand homme prit la gloire pour point de départ dans le programme de son gouvernement, on verra dans son allocution à ses deux confidents intimes qu'il y faisait aussi entrer la morale et la probité.

L'Éditeur.

LA
PETITE MAISON
DE LA RUE CHANTEREINE.

15 brumaire an VIII. — Jeudi 6 novembre 1799

La France avait salué avec enthousiasme le retour inespéré de Bonaparte, que le vœu général rappelait au sein du pays, autant menacé alors par les armées de la coalition que par ses propres dissensions. Comprenant sa destinée, le héros d'Italie et d'Égypte n'avait pas hésité sur le parti qu'il avait à prendre ; et, renonçant à la protection de ses vieilles bandes victorieuses et dévouées, il avait quitté la rive africaine, bravé l'équinoxe de septembre, les croisières anglaises et jusqu'aux lois sanitaires, pour accomplir la plus impérieuse de toutes les missions : celle de sauver sa patrie.

Le gouvernement pentarchique du Directoire, mal affermi, compromettait, non-seulement les libertés de la nation, mais encore sa dignité, sa gloire, et laissait même craindre pour son indépendance.

Ses membres, sans force ni crédit, travaillaient à leur propre ruine, en offrant le pouvoir qu'ils sentaient s'échapper de leurs débiles mains à des généraux heureux à la guerre, mais dont la capacité politique ne pouvait inspirer de confiance. Quelques hommes de sens, n'entrevoyant plus qu'un avenir funeste dans la marche des affaires publiques, s'unirent dans le dessein d'y porter remède. Ils s'accordaient sur la nécessité de placer un nom militaire glorieux à leur tête, mais ils différaient sur le choix. Sieyès voulait un guerrier qui se soumît à son influence, et ne fût que l'exécuteur passif de ses plans politiques. On fit des ouvertures à Moreau, qui refusa ; à Joubert, que la mort enlevait à Novi, quelques jours après son acceptation présumée. Joseph Bonaparte, que M. de Talleyrand avait mis au courant de toutes ces menées, en conféra avec ses amis. Ce fut, je crois, Rœderer qui rédigea une bonne partie des dépêches que Joseph fit expédier par la main de Joséphine à son mari, pour le prévenir de ce qui se passait.

A son arrivée à Paris, le général Bonaparte reçut publiquement, dans son petit hôtel de la rue Chantereine, toutes les personnes qui voulurent le visiter ; il causa avec quelques-unes seulement de la situation politique, et ne s'en ouvrit confidentiellement qu'à MM. de Talleyrand et Rœderer[1]. Ce fut

---

[1] « Le général Bonaparte voyait peu de monde, vivait avec ses aides de

bien certainement ce dernier qui élabora le plan de constitution républicaine dominée par une trinité consulaire dont l'homme du destin se réservait le premier rôle.

Deux séances avaient suffi à ces trois hommes d'état, pour s'entendre parfaitement sur les points capitaux de la nouvelle utopie gouvernementale que le génie de l'ordre allait imposer à la société française. On prit jour pour aviser aux moyens d'exécution.

Le 15 brumaire, vers onze heures du matin, Rœderer arrivait en voiture avec un jeune blondin, quelque peu son parent, et demandait au portier de l'hôtel de la rue Chantereine, actuellement numéroté 52, à voir le maître et la maîtresse de la maison. Cette introduction faite en compagnie d'un enfant était une précaution contre les soupçons de la police du Directoire, qui gardait, jour et nuit, croyait-on, les avenues du domicile du général. Elle ne pouvait ainsi soupçonner l'importance d'une démarche ni la gravité d'une entrevue où l'on admettait un imberbe de seize ans [1].

« camp, et travaillait beaucoup avec Rœderer, en qui il avait placé toute « sa confiance »

Mémoires de La Valette, publiés par sa famille,
tome Ier, page 387.　　　(*Note de l'éditeur.*)

[1] Ce jeune homme qui donnait, assure-t-on, les plus belles espérances d'esprit et de savoir, est mort à la fin de 1814. C'est des papiers de sa succession, tombés par hasard sous nos yeux, il y a plusieurs années, que nous avons extrait ces bribes historiques dont la publication ne nous a pas semblé dépourvue d'intérêt dans les circonstances actuelles. Il pa-

Les visiteurs sont introduits par un mameluck dans une seconde pièce d'entrée, dont l'ameublement annonce une salle à manger, avec trois portes et deux croisées qui s'ouvrent sur une sorte d'allée de jardin; des tilleuls, à moitié dépouillés de leurs feuilles déjà jaunies et desséchées, élevant leur tête inégales assez près des fenêtres, semblent obscurcir quelque peu le jour qu'elles reçoivent de la cour étroite de ce petit hôtel.

Dans le milieu de cette chambre se trouvait une table ronde à dessus de marbre, sur lequel posaient encore la tasse et la soucoupe d'un déjeuner au chocolat, qui furent enlevées par le domestique, et remplacées par un encrier, alors que le général se présenta accompagné de M. de Talleyrand, qui déjà conférait avec lui dans une pièce voisine.

Ces trois personnages s'assirent, après de courtes civilités, et parcoururent, en les approuvant, les papiers manuscrits apportés par Rœderer; puis le général, se levant le premier, tint à peu près ce langage que le petit blondin, placé, lui, près de la fenêtre, rapporte ainsi textuellement :

« Citoyens, nous voilà bien d'accord. Les deux conseils obéiront au mouvement qui leur sera im-

rait, au reste, qu'en les écrivant sur des feuilles volantes, l'intention du rédacteur avait été de les rassembler plus tard en corps d'ouvrage. Car ses notes, qui comprennent toute la période du gouvernement consulaire et impérial de Napoléon, portent pour indication, sur la chemise qui les renferme : NAPOLÉONIDES, avec la désignation de l'année où les faits racontés ont eu lieu. (*Note de l'éditeur.*)

primé... Maintenant, *caveant consules!* Il en faut trois pour faire marcher la république... Vous voilà deux. — M. de Talleyrand, qui ressemblait alors à un lion poudré, fit un coup de tête inaperçu presque négatif. — La place est périlleuse, et je l'accepte avec vous [1]. Citoyens, nous sommes une grande nation, mais non pas des Romains. Les Barras, les Moulin ne sont ni des Brutus ni des Cassius... Avant tout, citoyens, il faut envisager la gloire du pays; d'elle dépend son salut... La France ne peut arriver à l'indépendance, à la prospérité qu'après une série de faits éclatants... Son gouvernement doit faire de grandes choses... avec nous, citoyens, il en fera... Je continuerai l'œuvre du génie républicain avec le principe monarchique de l'honneur... Les Français comprennent cela. Rœderer écrira dans ce sens son *Journal de Paris*, en évitant les subtilités de Montesquieu... De bonnes lois et pas d'esprit sur les lois; des hommes d'application aux affaires; peu d'avocats, point d'idéologues; des hommes pratiques dans toutes les parties, qui aillent droit en be-

[1] M. de Talleyrand parut ne regarder cette offre que comme une politesse sans conséquence. Il sut toujours prendre la part du pouvoir qui lui convenait sans se la laisser imposer. Lorsque le consulat fut formé et son personnel nommé, il proposait plaisamment à ceux qui trouvaient la formule de citoyen premier consul, citoyen second et troisième consul, trop longue, de l'abréger ainsi par ces trois mots latins : *hic, hæc, hoc.* M. de Montron achevait sa pensée en ajoutant *hic* pour le masculin, *hæc* pour le féminin, *hoc* pour le neutre, faisant allusion au rôle que chacun des personnages, Napoléon, Cambacérès et Lebrun, pouvait jouer dans cette trinité du pouvoir.

sogne, et ne s'arrêtent pas en chemin !... Rœderer,
vous estimez trop Sieyès... Sa pensée étincelle et
flamboie dans l'obscurité d'une discussion métaphy-
sique ; mais quelle nécessité y a-t-il de réformer le
monde, quand on peut le conduire tel qu'il est vers
un but tangible et glorieux d'amélioration ? Un acte
utile d'un gouvernement fort opère plus que le meil-
leur livre. Il n'a pas besoin de la faire prêcher, s'il
donne lui-même, par ses chefs, l'exemple de la mo-
ralité... Dans deux ans, vous vous étonnerez des
progrès qu'aura faits notre état social, vous, Talleyrand, qui m'avez tracé un tableau si affligeant
des mœurs actuelles de nos gouvernants... Citoyens,
vous m'aiderez dans mon entreprise ; vous concour-
rez à ce changement des mœurs publiques si grave-
ment compromises par le régime du Directoire...
Dès à présent, plus de scandale, plus d'orgie, plus
de ces fêtes de fournisseur qui absorbent, aux dépens
du soldat, l'entretien d'un bataillon pendant un an !
Le général Bonaparte devenu consul se contentera
pour son traitement de ce que coûte une soirée
d'Ouvrard !... Trouvez-moi, pour les finances, un
homme qui fasse disparaître le papier-monnaie,
l'assignat, le mandat sans valeur dans la première
année du dix-neuvième siècle... J'aime Gaudin, qui
m'a offert les deux tiers d'une fortune bien acquise,
peu de jours après mon arrivée à Paris ; sera-t-il assez ferme pour arrêter les dilapidations ? Ceci vous
regardera, Rœderer ; ne vous êtes-vous pas occupé

de ces matières ? De l'économie en tout et partout !
Je veux que les administrateurs de la fortune publi-
que soient probes, et avares des deniers qui leur
sont confiés. Qu'on ne me parle jamais de spécula-
teurs ni d'hommes à expédients financiers... Les Ca-
lonne, les Ouvrard sont des empiriques. Arrière les
charlatans !... Je connais mes collègues de l'Insti-
tut, il y a là d'honnêtes gens. Je les aurai près de
moi. Volney, La Place, Cretet, Costas, Arnaud,
Lacuée, Gouvion, Regnaud ; avec eux, quelques-
uns des Anciens et des Cinq-Cents que Joseph et
Lucien m'ont recommandés, je formerai le conseil
d'état. Talleyrand m'a parlé de Maret et de Jau-
court ; je les ai sur ma liste... Pendant que j'essaie-
rai de nouveau, ces jours-ci, ma fortune de général,
Rœderer s'occupera du personnel des administrateurs de départements. » Tirant sa montre. « Il
est près d'une heure ; j'ai des officiers généraux à
voir... Entrez chez ma femme, elle aura eu le temps
de faire assez de toilette pour vous recevoir... »

« Le général en uniforme, mais sans armes, débita
ce discours saccadé, coupé par des temps de repos
fréquents, d'une voix ferme, avec quelque peu
d'accent italien qu'il conservait encore. Il avait ses
deux bras croisés sur la poitrine, et tenait à la main
droite exhaussée une tabatière ronde dont il frap-
pait, en la tournant entre ses doigts, son épaule
gauche. Sur sa figure pâle et maigre, que ses che-
veux longs, dépoudrés sur les faces, faisaient paraî-

tre olivâtre , on n'apercevait aucune trace sensible d'animation. Sa tête, plutôt baissée que haute et droite , inclinait son regard , pour ainsi dire , aux pieds de ses auditeurs. De temps à autre seulement, ses yeux petits et vifs dardaient des rayons lumineux , rapides , très-saisissants, lorsqu'il les promenait, toujours de bas en haut, sur la personne de ses interlocuteurs. Ainsi, sa pose avait quelque chose de timide, mais son coup d'œil produisait une sensation indéfinissable.

« Quand nous partîmes, la cour et les escaliers se garnissaient de visiteurs , tous militaires en uniforme, et nous eûmes quelque peine à nous dérober à l'empressement questionneur de quelques-uns . en cherchant à regagner la voiture qui nous attendait dans la rue, et qui nous reconduisit sans encombre rue de Buffaut, où demeurait alors M. Rœderer. »

Tout le monde sait ce qui advint le 18 brumaire. On peut lire dans le *Journal de Paris*, qui, dès le surlendemain, rendit un compte à peu près officiel des événements de la veille, que Murat dirigea les baïonnettes de ses grenadiers contre les représentants du peuple, et leur fit évacuer la salle brusquement. On sentit la nécessité de colorer aux yeux du public cet acte de violence d'un prétexte spécieux. L'on allégua que Bonaparte, lorsqu'il se présenta devant l'assemblée, en fut repoussé par des cris : A bas le tyran ! Hors la loi, le traître ! et que des membres furieux avaient tenté de le tuer. On cita même un grenadier qui avait été blessé en se jetant au-devant du coup que l'on voulait porter à son général. Le fait est qu'on n'a pas retrouvé le poignard, et qu'on n'a jamais nommé l'assassin. Mais voici quelques renseignements qui pourront aider les historiens à découvrir la vérité.

Le héros auquel on fit l'honneur de ce beau dévouement s'appelait Thomé, fils d'un maître ouvrier dans les verreries de Saint-Quirin, lesquelles appartenaient par moitié à M. Rœderer et à son beau-frère, M. Guaita de Francfort. Il était simple soldat dans la garde du Directoire, parce que son intelligence en défaut ne lui avait pas permis de suivre la carrière de son père. Ce militaire venait fréquemment au logis de son patron, qui lui accordait le droit de s'établir dans sa cuisine à l'heure du dîner des gens de la maison. Le lendemain du 18 brumaire, M. Rœderer le trouva solide au poste. « Tu étais à Saint-Cloud, Thomé, n'est-ce pas? — Oui, M. Rœderer. — Eh bien ! monte avec moi dans mon cabinet, tu me donneras les détails de cette journée, et je les écrirai sous ta dictée. » Un domestique amène Thomé et le fait asseoir devant son maître, qui se met à écrire ce qu'il dit lui-même à haute voix : « Le grenadier Thomé, de Saint-Quirin, voyant un furieux se précipiter, avec une arme, sur le général Bonaparte, le couvrit de son corps et reçut dans le bras un coup de stylet qui lui était

destiné. » — Mais, **M**. Rœderer... Celui-ci continue :
« Heureusement, la blessure est légère... » — Mais,
M. Rœderer, je n'ai rien.... — « Et le fer de l'assassin, en déchirant son habit, n'a fait qu'effleurer la
peau de ce brave homme... » — Mais, **M**. Rœderer,
écoutez-moi... — Thomé, tu ne retourneras plus à
ton bataillon ; tu auras ton congé avec une pension,
et tu dîneras, à côté de Joséphine, avec le premier
consul, à qui tu as sauvé la vie..... C'est entendu. »
Appelant son valet de chambre : « François,
préparez une écharpe pour son bras droit. Cela ne
t'empêchera pas de vider ton verre de la main gauche, n'est-ce pas, Thomé ? — Non, **M**. Rœderer. —
Jusqu'à ce que tu retournes dans ta famille, à Saint-
Quirin, raconter la plus belle circonstance de ta vie
militaire, tu resteras chez moi, et tu seras soigné
comme si tu étais à l'hôpital... des convalescents...
Bonne et complète ration !..... — Si le liquide ne
manque pas, je ferai comme vous voudrez, **M**. Rœderer. Je m'fiche pas mal de boire tout seul la dé-
coction. Mais y n'faut pas me laisser rencontrer un
camarade tout d'même : y rirait trop si j'li contais
que j'ai t'été blessé à c'te manigance de Saint-
Cloud. »

POST-SCRIPTUM.

La vérité à l'égard des personnages connus n'est guère admise par le public lorsqu'elle s'écarte de l'idée qu'il s'est formée sur leur compte. Il lui faut toujours voir des héros mouvants, et scéniques comme dans un drame, et il veut que leur langage ne soit jamais que l'expression logique de leur caractère.

Cependant, au récit plus ou moins exact qui fait la base de l'histoire, il se mêle souvent de la fable. On ne croit pas mentir en apprêtant un peu la vérité : on s'attribue par la rédaction le mérite des résultats favorables, et l'on rejette les mécomptes sur la fortune.

On peut mettre en doute les paroles de Napoléon,

dans la circonstance rapportée par le jeune audi-
teur qui était en position de les entendre, et qui les
a enregistrées sur des feuilles volantes peu de jours
après. Quant à nous, nous y croyons de bonne foi.
Oui, Bonaparte a parlé de morale à M. de Talleyrand, ne fût-ce que pour lui en donner une leçon.
Oui, il a proposé à Rœderer le consulat, qu'à son
refus Lebrun accepta. Et nous sommes en mesure
de soutenir, d'après les manuscrits de notre auteur,
cette troisième assertion plus importante, que Bonaparte, bien déterminé à dissoudre le Directoire,
à modifier la forme du gouvernement, n'eût pas
tenté le 18 brumaire s'il avait prévu la résistance
qu'il éprouva aux Cinq-Cents. Il en fut effrayé au
point qu'il lui fallut recourir à la fermeté impassi-
ble de ses lieutenants pour achever une entreprise
qu'il n'eût pas osé continuer. C'est qu'une assemblée populaire lui imposait bien autrement qu'une
armée ennemie. Nous l'avons vu vigoureux, éner-
gique, traiter cavalièrement des députés du pays,
puis abdiquer le pouvoir devant eux, en 1815, à
la première sommation, pour ainsi dire, lorsqu'il
avait encore les armes à la main.

L'ÉDITEUR.

Impr. de SCHNEIDER ET LANGRAND, rue d'Erfurth, 1.